OBSERVATIONS

D'UN

PUBLICISTE,

SUR LE

PROJET DE LOI

RELATIF A L'INDEMNITÉ DES ÉMIGRÉS.

PARIS,

CHEZ B. WARÉE, FILS AINÉ, LIBRAIRE,

AU PALAIS DE JUSTICE.

1825.

IMPRIMERIE DE MIGNERET , RUE DU DRAGON , N.º 20.

OBSERVATIONS

D'UN PUBLICISTE,

SUR LE PROJET DE LOI RELATIF A L'INDEMNITÉ DES ÉMIGRÉS.

Pour éclairer davantage, s'il est possible, la discussion relative au projet de loi sur l'indemnité des émigrés, il faut aujourd'hui raisonner succinctement, classer les questions, reconnaître les principes, en tirer les conséquences exactes, et s'attacher à n'en faire que de justes applications.

Si l'on se conforme à cette marche, la seule qui puisse être concluante et décisive, on reconnaît d'abord deux questions bien distinctes, et qui doivent être résolues séparément.

L'une, qui n'est pas dans le projet, mais qui est née du projet, ainsi qu'il y avait lieu de le craindre, concerne la restitution des biens en nature, et doit être discutée la première.

L'autre, qui seule est dans le projet, ne doit cependant être examinée que subsidiairement. Elle est relative à l'indemnité.

1.°

Question de restitution des biens en nature.

Quant à la première question, celle de la restitution des biens en nature, il faut se hâter de reconnaître qu'en matière de droit public, il est de principe que tout homme est libre de s'éloigner du sol qui l'a vu naître et même de changer de patrie. Cette faculté est l'une de celles qui constituent la liberté naturelle ou individuelle ; et nul ne saurait en être dépouillé, sans qu'il n'y ait violation manifeste d'un principe élémentaire du droit public intérieur ou social.

Un autre principe de droit public, c'est le respect dû à la propriété. La propriété, de même que la sûreté et la liberté individuelles, doit être sacrée et inviolable, pour le corps entier de la société. Ce droit de pro-

priété est l'une des causes de la réunion sociale , et il doit en être aussi l'une des fins les
plus constantes.

Toutes lois donc qui admettent la confiscation
des biens , même comme pénalité , contre de
simples individus, et à plus forte raison contre
des classes entières , sont des lois vicieuses ,
parce qu'elles sont en opposition directe avec
le principe , et par le motif qu'elles font re-
fluer la peine sur les enfans , innocens du
crime de leurs pères. C'est la fureur despo-
tique , suivant ce que dit Montesquieu , qui
a établi que la disgrâce du père entraînerait
celle des enfans. Ils sont déjà assez malheureux , sans être encore criminels (1).

Ces notions sont tellement incontestables
qu'il ne peut jamais être permis de les mécon-
naître, et que sans elles le droit public n'exis-
terait même pas.

Vainement , pour les contester, alléguerait-
on les exemples du passé. Ces exemples seraient plus nombreux encore , qu'on n'en
pourrait rien conclure , si ce n'est que les
Gouvernemens , jusqu'ici trop imparfaits pour

---

(1) Voy. *l'Esprit des Lois* , Liv. V , chap. 15.

1..

faire respecter le droit, ont souvent agi dans un sens diamétralement opposé aux fins vers lesquelles toute société et tout gouvernement doivent tendre (1).

Vainement, dans le même but, alléguerait-on le principe de la *conservation :* car il ne peut arriver qu'un Gouvernement ou une société

---

(1) « De ce que la confiscation était une pratique habituelle de l'ancienne monarchie, de ce que la confiscation en masse a tristement signalé le règne de Louis XIV, de ce que les courtisans de ce prince lui demandaient, pour se servir de l'expression du temps, un, deux, trois huguenots en don, comme les courtisans d'aujourd'hui demandent des sinécures ; enfin, de ce que les familles qui auraient la plus grande part à l'indemnité, si elle était adoptée, sont précisément celles qui jouissent ou qui jouissaient des biens confisqués, je n'en conclus point qu'une injustice en légitime une autre. Tout au plus pourrait-on dire que les injustices s'enchaînent l'une à l'autre ; que les générations qui les commettent ne font que léguer à celles qui les suivent le poids d'une faute dont ces dernières sont innocentes, et que c'est ainsi que, pour nous instruire et nous corriger, le ciel veut que dans cette circonstance les hommes qui réclament contre la confiscation, soient précisément ceux dont la confiscation avait doté les ancêtres. » (*Chambre des Députés.* — *Séance du 23 février 1825.* — *Disc. de M. Benjamin Constant.*)

se trouve dans la nécessité réelle de violer, pour sa conservation, un principe dont le respect et l'observation religieuse en sont tout à la fois la cause, l'objet et la fin. Il y aurait là pour le moins confusion d'idées et fausse application.

Mais il est un autre principe incontestable; c'est que le citoyen qui abandonne son pays ne doit pas le faire dans des vues hostiles et pour y rentrer les armes à la main. Si les fureurs d'Hippias et de Coriolan outragèrent ce principe, il est parfaitement conforme aux grands sentimens de Thémistocle et d'Aristide, de Camille, de Bayard et de Henri IV. « *Il vaut mieux mourir pour la patrie*, disait le Chevalier sans peur et sans reproche, *que de la vaincre et de triompher d'elle* »

Le citoyen qui, par suite d'une conjuration, va se placer dans les rangs de l'étranger, pour combattre son propre pays, abdique par le fait la qualité de citoyen, et consent à être traité comme étranger. La question, dans cette hypothèse, n'est donc pas du droit public intérieur ou social, mais du droit politique et du droit des gens.

Or, si jamais le fait seul pouvait constituer le droit, c'est bien en semblable matière que

l'on pourrait invoquer, à l'appui des confisca-
tions, les annales de l'histoire, les exemples
de tous les pays et de tous les temps.

Mais il n'en est point ainsi. Le droit a de
tout autres bases : et il faut encore reconnaître
en principe que, de peuple à peuple, même
en temps de guerre, les propriétés individuelles devraient être respectées, que de simples contributions propres à subvenir à l'en-
tretien des armées, aux frais de la guerre, et
supportées par la masse des ennemis vaincus,
sont licites et de droit ; et ce, attendu que
« la guerre, comme le dit Rousseau, n'est
point une relation d'homme à homme, mais
une relation d'État à État » (1).

D'ailleurs, lorsque dans une monarchie encore imparfaite, et par suite de cette imper-
fection, la liberté du Roi peut paraître dou-

____

(1) « Je crains qu'il ne soit difficile de convaincre la
masse des habitans d'un pays, qu'il faut laisser à ceux qui
portent les armes contre ce pays, le libre usage de leurs
biens ; mais je voudrais que cette conviction s'établît. Elle
serait utile sous le rapport moral ; elle serait utile aussi
sous le rapport politique. Pour une nation courageuse, la
confiscation n'est pas une condition de la victoire. »
(*Chambre des Députés. — Disc. de M. Benjamin Constant*).

teuse ; lorsque l'héritier présomptif du trône, les princes de sa famille, s'éloignent et quittent le territoire, chacun, il faut en convenir, place alors l'honneur et le devoir à des extrémités opposées. Les uns concentrent la patrie toute entière près du trône ou dans la personne qui peut être bientôt appelée à y monter ; les autres la voient toujours dans le pays, dans la famille, dans la société, cette société se trouvât-elle entièrement privée de son chef légitime (1). Et ce qui doit surtout faire déplorer ces temps de calamités, c'est que des sentimens nobles et généreux (car il ne faut ici considérer que les masses et non les exceptions) divisent et arment ainsi la société contre elle-même.

____

(1) Les émigrés, a dit M. le Commissaire du Roi, placèrent l'honneur sur la terre étrangère. » — Les émigrés voyaient la France tout entière aux pieds du drapeau des lys, et la voix qui les appelait à cette nouvelle croisade, c'était pour eux celle de l'honneur. » (*Disc. de M. Martin de Villers.*)

« Les Français restés sur le sol de la patrie ont pu croire qu'il n'y avait de France que dans la France, et que tout honneur ne s'était pas exilé au-delà du Rhin. » (*Disc. de M. Méchin.*)

Des principes qui viennent d'être rappelés, il résulte donc que, dans tous les cas, et quels que soient d'ailleurs les antécédens, la confiscation est contraire à l'équité, et qu'elle ne devrait jamais être prononcée, soit en matière de droit public intérieur ou social, soit en matière de droit pénal, soit même en matière de droit politique et de droit des gens.

Mais, cela reconnu, et pour raisonner toujours d'après les règles fondamentales du droit; avant que d'arriver à une solution définitive et complète de la première question, relative à la restitution en nature des biens confisqués sur l'émigré, il est encore quelques principes qui doivent recevoir leur application.

Et, d'abord, toutes les fois que le Roi, ou, à son défaut, l'héritier présomptif du trône, se trouve en terre étrangère, et que, par cela même, sa liberté peut aussi devenir problématique, il est nécessaire qu'une Régence ou un Gouvernement de fait quelconque s'établisse : car, sans Gouvernement, la société ne saurait subsister, « *ubi non est gubernator, populus corruet* » (1).

---

(1) « Du moment où le Prince a quitté le sol de la patrie et franchi les frontières du royaume , du moment où

Les actes de ce Gouvernement sont obligatoires ; ils sont, quant à leurs effets, semblables aux actes qui émaneraient d'un Gouvernement plus légitime ou plus régulier ; et l'on peut appliquer en ce sens cet adage de la monarchie, « *que le roi ne meurt jamais* ».

S'il en était autrement, tout serait paralysé et en suspens ; les fortunes, les intérêts publics et privés seraient incertains et précaires ; la société tout entière serait dans un état de mort ou d'anarchie, qu'elle doit par dessus tout éviter (1).

Ce Gouvernement de fait fera des fautes, il commettra des injustices, il violera peut-être

---

il ne se trouve plus dans le sein de la famille, mais environné d'une nation étrangère, dont les intérêts peuvent être fort différens et quelquefois opposés à ceux de la nation à laquelle il appartient, la liberté de ses décisions ultérieures ne peut plus être considérée comme entière ; son indépendance morale devient problématique ; et par suite, son autorité royale, en tant qu'il pourrait prétendre à l'exercer encore directement, des terres étrangères, doit être suspendue. » (Voyez *la Science du Publiciste*, par M. Fritot, vol. X, p. 60 ; et l'*Esprit du Droit,* du même auteur, p. 401.)

(1) *Voyez* les mêmes ouvrages, *loc. cit,*

les principes les plus sacrés. Jusqu'ici, quel est le Gouvernement, même légitime, qui soit exempt de reproche ? Mais on ne peut pas exiger raisonnablement que la masse du peuple soit plus éclairée que le Gouvernement, quelque défectueuse que soit son organisation ; on ne peut pas faire un crime à chaque citoyen de n'avoir pas approfondi et jugé impartialement, sans passion, et d'après les strictes principes de la science, le mérite et la légitimité de toutes les résolutions législatives, lorsque cette science est malheureusement trop ignorée encore des hommes les plus sages.

Si, sur ces résolutions, en ce qui concerne le fait dont il s'agit ici, chaque citoyen pouvait être consulté, combien de sentimens et d'opinions divergentes ne rencontrerait-on pas?

De même que les uns crurent devoir placer l'honneur, la patrie sur la terre étrangère, de même les autres, et en très-grande majorité, auraient pensé, que l'amour des anciennes institutions, ou plutôt celui des immunités et des privilèges, la haine de toute amélioration sociale, furent les premières et les principales causes de l'émigration (1) ; que la plupart des

---

(1) « Aux *premiers* signes d'une effrayante anarchie, alors

émigrés ne furent fidèles qu'à leurs intérêts personnels; qu'ils prétextèrent, dans le roi Louis XVI, la faiblesse de caractère (1) et le

---

que tous les liens qui attachaient les sujets au Monarque *commençaient* à se rompre, les Français, a dit M. Martin de Villers, se sont engagés sous deux bannières différentes ; les uns voulaient *le maintien des institutions* qui ont donné tant de siècles d'existence à la monarchie (et qui cependant n'ont pu prévenir cette catastrophe, et tant d'autres.) Les autres, un nouvel ordre de choses (plus stable encore et plus régulier.) » — « L'émigration, a dit aussi M. Devaux, voulait, en 1791 et 1792, reconquérir la distinction des trois ordres, et avec elle ses privilèges, ses titres, ses droits lucratifs, sa prééminence sociale. »

(1) La vraie doctrine qu'il faut adopter sur ce point, est renfermée dans ce peu de mots : « Il est des devoirs de toutes les classes. Les rangs les plus augustes n'en sont pas affranchis... Le devoir du trône est de rester inébranlable au fort de l'orage, et de ne point tromper ses sujets par de feintes condescendances et des désaveux prémédités.......

» Comment le citoyen paisible, l'habitant des villes, le peuple des hameaux, peuvent-ils connaître l'intention royale autrement que par ses discours et par ses actes authentiques ?....

» Un système contraire est inadmissible en politique comme en morale. Il est horrible pour le peuple qu'il défaut de liberté, afin de pouvoir lui désobéir en toute sûreté de conscience; qu'ils l'abandonnèrent, malgré ses ordres et contre sa volonté réelle, lorsque leur présence au pied du trône aurait pu conjurer l'orage et prévenir les malheurs dont il était menacé; qu'ainsi ils furent tout à la fois ennemis du bon droit et des progrès de la civilisation, traîtres à leur roi ainsi qu'à leur patrie, et véritables causes des désastres les plus déplorables de la révolution; qu'enfin ils furent ennemis, rebelles, coupables, et comme tels justement condamnés.

Tel fut, sans doute, tel est encore le jugement porté contre les émigrés par le plus grand nombre.

Tel fut, à n'en pas douter, celui des acquéreurs primitifs de biens nationaux (1).

---

trompe et qu'il punit après l'avoir trompé; il est avilissant et dangereux pour la monarchie, car c'est avilir la monarchie que de transformer le parjure en prérogative de la royauté. » (*Disc. de M. Benjamin Constant.*)

(1) « L'émigration a été égarée; elle a été enivrée par des réminiscences féodales. Elle s'est crue transportée à ces temps de trouble où ses ancêtres déclaraient aussi que les Rois n'étaient pas libres quand ces Rois défendaient les Communes opprimées. L'émigration a voulu remonter

Il ne s'agit point ici de confirmer ce jugement. Il suffit de remarquer que les décisions
de l'autorité de fait ne durent pas être jugées
par le peuple; mais que, si elles avaient dû
l'être , il aurait bien pu se faire qu'elles eussent
été confirmées.

En ce qui concerne la vente des biens d'é-
migrés, ces décisions ont été du moins confirmées depuis , de la manière la plus formelle,
par les divers Gouvernemens transitoires qui
se sont succédés jusqu'à l'époque de la restau-
ration. Elles l'ont été d'une manière non moins
expresse par des concordats , et par des traités
contractés avec des puissances qui ont reconnu
et légitimé, jusqu'à un certain point, les Gouvernemens de fait eux-mêmes.

Les émigrés, en très-grand nombre, rentrant
en France, acceptant l'amnistie du 6 floréal
an X et autres, prêtant serment à l'un de ces
Gouvernemens, aux lois et aux constitutions ,
ont explicitement reconnu la validité de la vente

---

au quinzième siècle , et soulever d'un bras trop débile une
arme pesante qui avait échappé à des bras plus vigou-
reux : l'arme , en se brisant , l'a blessée , et a fait à la
France des blessures encore plus profondes. (*Ibid.*)

des biens confisqués, ou renoncé du moins á toutes prétentions contraires.

Il y a donc eu, dès l'origine et par la suite, légalité et bonne foi suffisantes pour les possesseurs actuels.

On a d'ailleurs eu raison de remarquer que beaucoup d'acquéreurs primitifs ont acquis à raison de la ruine dont les enveloppait aussi la révolution, par la perte de leurs créances sur les émigrés, ou par des remboursemens imprévus en un papier dont le rapide discrédit allait toujours croissant, etc. D'autres se·sont trouvés propriétaires par suite de causes entièrement étrangères à leur volonté, par des paiemens, des liquidations, des partages, etc.

Or, pour assurer la tranquillité publique et la paix des familles, pour ne pas tout bouleverser dans la société, un principe encore en matière de droit public, c'est la prescription. Sans ce principe, l'ambition, le fanatisme, l'arbitraire, les guerres civiles et étrangères, ont tant et si souvent pesé sur l'humanité, substitué la force et l'usurpation au droit, qu'en remontant à l'origine de toutes les possessions, il n'en serait peut-être pas une seule dont la source fût reconnue pure, et dont les titres fussent légitimés au tribunal de la stricte équité.

En matières civiles ordinaires, la prescription avec titre et bonne foi s'acquiert par vingt
années, même à l'égard des absens; et si cette
prescription est d'un tiers et plus en sus, si
elle est par conséquent trentenaire, elle ne
doit pas être repoussée. Il y a long-temps ,
comme l'a reconnu M. de Sallaberry, que, dans
ce cas, elle fut nommée la patrone du genre
humain, *tricennalis prescriptio humano generi
patrona.* (CASSIOD.)

Tous ces points de décision, tous ces principes se trouvent au surplus corroborés par la
Charte.

Certes, on a pu dire avec toute vérité que
cette Charte contient quelques dispositions
fondamentales d'organisation que le temps
abrogera , parce qu'elles sont en opposition directe avec la première de toutes les lois, la
raison, l'équité naturelle; telle, par exemple ,
que celle de l'article 54, qui admet la présence
et le vote des ministres dans les Chambres
comme pairs et comme députés, etc. , etc.

On pourrait dire aussi que plusieurs autres
dispositions nécessaires sont omises dans la
Charte, et que sans doute les progrès des lu-
mières et l'expérience les feront adopter par la
suite ; telles que l'incompatibilité de toutes les
fonctions administratives ou d'exécution avec

les fonctions législatives ou avec les fonctions
judiciaires , et l'incompatibilité de ces dernières fonctions avec les fonctions législatives , etc. , etc.

Mais cette Charte , comme les précédentes
constitutions de la France depuis 1791 , contient aussi des dispositions que le temps ne
saurait détruire , et dont le perfectionnement
des institutions ne fera qu'assurer et affer-
mir davantage l'exécution , précisément parce
qu'elles ne sont que l'expression des principes
éternels de la justice et du droit.

Les articles 9 et 10 sont de ce nombre ; et
lorsqu'ils reconnaissent l'inviolabilité de la
propriété et la nécessité d'une indemnité préalable, si l'intérêt public légalement constaté
exige le sacrifice de cette propriété, ils ne
font en effet que consacrer, comme on l'a dit ,
un principe immuable de droit public (1).

Cependant, quoique ce principe fût préexis-
tant et qu'on puisse le considérer comme étant
de tous les pays et de tous les temps, la Charte,
en lui rendant hommage , n'en dispose pas
moins, en cela même, pour l'avenir et non
pour le passé : car toute loi, fondamentale ou

----

(1) *Voyez* le Disc. de M. Duplessis-Grénedan.

autre, dans toutes ses dispositions, ne doit prononcer que de cette manière. En droit, la non-rétroactivité des lois est encóre un principe constant, et qui n'a plus besoin d'être démontré.

Et lorsque le premier de ces deux articles précités ajoute que la loi ne fait aucune exception des propriétés que l'on appelle *nationales*, qu'à cet égard elle ne met aucune différence entre ces propriétés et les propriétés *patrimoniales*, il est encore évident que cet article statue pour l'avenir, et que le législateur, expliquant ainsi plus spécialement sa pensée, reconnaît la régularité des ventes, la légitimité des possessions présentes, et en garantit l'incommutabilité.

On a peine à concevoir qu'il soit possible de torturer assez son propre jugement pour parvenir à se persuader que la Charte a voulu dire, par cet article 9, tout le contraire de ce qu'il exprime si clairement ; qu'en thèse générale et pour le passé seulement, elle a reconnu que toutes les propriétés *sont* inviolables et non pas qu'elles le *seront*, mais qu'à l'égard des propriétés *nationales*, que l'article n'excepte pas, dont il exprime même qu'il ne fait aucune différence, elle a cependant

2.

entendu les excepter et ne rien garantir au sujet de leur incommutabilité (1).

A de tels argumens, la logique et le bon sens n'ont rien à répondre.

Mais on n'en tiendra pas moins pour constant que l'irrévocabilité des ventes des biens nationaux de toute nature est désormais incontestable, qu'elle est textuellement, et aussi formellement qu'elle pût l'être, sanctionnée par la Charte ; et que d'ailleurs, si elle n'avait point encore été reconnue, il faudrait aujourd'hui même qu'elle le fût à tous égards ; et cela, non pas seulement dans l'intérêt de la société entière, mais encore dans l'intérêt particulier et très-réel des anciens propriétaires des biens confisqués, auxquels ce peut, au surplus, être le cas de rappeler ces paroles de Sénèque : « *illi servaverunt bonorum civium officium, qui reddi sibi penates suos noluerunt clade commune, quià satius erat duos iniquo malo affici, quàm omnes publico* » (Senec. *de benef.* lib. vi, c. 37. p. 130). « Ceux-là méritèrent avec raison le titre de bons citoyens, qui refusèrent de rentrer dans les biens qu'ils avaient perdus, parce que, disaient-ils, il vaut mieux que

---

(1) *Voyez* encore le Discours de M. Duplessis-Grenédan.

quelques individus souffrent que d'entraîner un mal général. »

II.°

Question relative à l'indemnité.

Quant à l'indemnité, elle ouvre un champ moins vaste à la discussion : et tout le monde conviendra que, lorsqu'un préjudice réel et non mérité a été souffert, il est de toute justice de chercher à le réparer.

Mais, ici se présente naturellement une question préjudicielle, celle de savoir si le projet d'indemnité, quelque juste qu'il puisse être, n'est pas intempestif et prématuré; si, après des charges si lourdes et les frais d'une guerre dispendieuse, l'état des finances est tel que le moment soit venu de pourvoir à cette indemnité.

Et, pour la solution préalable de ce point de fait important; il ne suffit pas de l'allégation ministérielle, il ne suffit pas même que la loi des finances soit présentée, il faut encore que cette loi soit discutée, admise, sanctionnée : car jusque-là la véritable situation des charges et des moyens est incertaine et ignorée.

Il ne serait pas non plus inutile de bien connaître les rapports politiques des diverses puissances, afin de n'avoir pas à craindre que, l'indemnité à peine accordée, des nouvelles charges nécessaires à l'honneur, à l'indépendance, au salut même de la France, ne vinssent bientôt peser sur elle et compromettre son crédit et sa prospérité.

Ces examens faits, ces connaissances acquises ; quant à l'indemnité en elle-même, il faut rechercher si, lorsque plusieurs genres de calamités et de ruines ont frappé sur toutes les classes de la société, cette indemnité, pour être équitable, ne doit pas être générale ; si, pour faire disparaître (comme on l'a dit) les *dernières* plaies de la révolution, elle ne doit s'appliquer qu'à une *seule* classe et à une *seule* nature de propriété ; si, dans ce cas, la loi qui la propose sera bien, ainsi qu'on le désire, une loi d'union et d'oubli, ou si plutôt elle ne sera pas considérée comme une nouvelle loi de privilége, comme une récompense pour quelques-uns et une punition pour tous, et si par suite elle ne deviendra pas aussi une loi de haine et de division.

Sur quels motifs solides appuyer les exceptions et une préférence quelconque ?

S'il en existe quelques-uns, il est une classe qui pourrait spécialement les invoquer ; et c'est celle des créanciers de l'État, qui, sans y avoir donné lieu, et par un fait non-provoqué par eux, entièrement indépendant de leur volonté, se sont trouvés dépouillés des deux tiers de leurs créances. Sans doute, il ne serait pas impossible de les reconnaître, et le grand-livre primordial pourrait en donner les moyens.

On a dit que ces créanciers avaient du moins conservé un tiers de leur fortune ; mais, si cette fortune entière était pour la plupart à peine suffisante à leur existence, comment prétendre que le tiers peut leur suffire ? comment voir là une raison fondée de ne pas leur restituer (lorsque l'état et les finances prospèrent) ce qu'on leur a pris sans droit et dans un temps de nécessité ?

Pourquoi surtout leur préférer la classe des émigrés et des autres possesseurs de biens-fonds ? Quelles sont les causes de cette prédilection pour la propriété immobilière, au détriment de toutes les autres propriétés ?

Serait-ce son antériorité ? Mais c'est la propriété mobilière qui est la première et la plus ancienne des propriétés. Avant de s'être approprié un champ par la culture et le travail, l'homme possède des vêtemens, un arc, des flèches, la bêche et le hoyau qui lui servent à ensemencer ce champ.

Serait-ce en raison de la manière dont l'une et l'autre de ces deux espèces de propriétés s'acquièrent ? Mais la propriété foncière surtout a souvent été le fruit de la conquête, de l'usurpation, de la confiscation ; et « la propriété mobilière, ainsi qu'on l'a dit, est le produit du travail et de l'industrie ; jamais elle ne fut donnée *à titre de fief* » (1).

Serait-ce, comme on l'a dit aussi, à cause des souvenirs et des traces que laisse la perte de la propriété foncière ? Mais le rentier ruiné, le créancier déchu, le négociant spolié, le cultivateur frappé de réquisitions, ravagé, incendié par la guerre, conservent également le souvenir de leurs pertes. « Si les traces de la confiscation immobilière restent sur le sol, les traces de la confiscation mobilière, a-t-on répondu, restent dans les cœurs révoltés par l'injustice, aigris par les souffrances et par la misère » (2).

Serait-ce, enfin, à cause de l'importance du préjudice souffert ? Mais, d'une part, les

---

(1) *Disc. de M. Méchin.*

(2) *Disc. de M. Benjamin Constant.*

pertes des manufacturiers, des négocians et autres ont souvent été considérables ; et d'un autre côté, l'étendue du dommage est relative à la richesse de celui qui l'éprouve. Or, combien de rentiers sont long - temps restés et se trouvent encore aujourd'hui dans une situation plus pénible que les anciens propriétaires du sol, qui souvent ont été indemnisés déja de tant de manières ?

Encore si ces derniers ne demandaient qu'à être assimilés à tous les autres créanciers de l'État, et à ne toucher comme eux que le tiers en capital de ce qui peut leur être dû, il y aurait moins d'injustice et d'inégalité.

Mais si, loin delà, l'indemnité, quant au capital, est, non-seulement entière pour les émigrés et autres propriétaires de biens confisqués, mais encore exclusive et s'appliquant à eux seuls, si sur-tout les rentiers, au lieu d'y prendre part, voient encore leur tiers *consolidé* réduit, pour être employé à payer cette indemnité, comment se flatter de la leur faire jamais considérer comme équitable? Un député de la droite a dit avec raison (mais en en faisant une application trop restreinte, puisqu'il n'a entendu parler que des inégalités du partage entre les émigrés mêmes), « On supporte avec résignation les pertes générales ; les injustices partielles blessent le cœur » (1).

On conçoit que, si l'on avait commencé par restituer aux créanciers de l'État l'intégralité de leur créance, on pourrait ensuite leur en proposer le remboursement ou mettre à leur choix la réduction de l'intérêt. Mais, lorsque le Gouvernement, animé d'un si noble sentiment de justice et de probité, retient cependant par devers lui les deux tiers des créances comprises dans sa banqueroute, au moins faudrait-il que les cinq *consolidés* pour cent (ainsi que s'expriment tous les titres d'inscription) ne fussent pas encore réduits pour satisfaire aux générosités dont la classe privilégiée est l'objet.

Dira-t-on que l'État ne peut, sans obérer ses finances, réparer en même temps toutes les pertes dont il serait légitimement justifié ? Cela se conçoit. Mais alors il faut que la somme aujourd'hui destinée à l'indemnité, soit répartie dans une juste proportion entre tous les ayants-droits constatés et reconnus, sauf à leur distribuer de même les autres milliards qui, par suite, leur seraient encore consacrés.

Si cette répartition était jugée impraticable

____

(1) *Discours de M. Martin de Villers.*

en un mot, si l'indemnité générale, la seule qui puisse être équitable, était reconnue impossible, évidemment nulle autre ne devrait avoir lieu.

Enfin, la loi proposée ne sera-t-elle pas encore à juste titre regardée comme une loi de privilége et de spoliation, dont le résultat sera de faire tourner la révolution à l'avantage des hommes qui ont peut être le plus provoqué ses excès et ses malheurs (1), si les émigrés intégralement indemnisés, relativement à leur capital, se trouvent en outre intégralement libérés envers leurs créanciers (ce qui sera la conséquence de l'article 18 du projet), et cela par la seule raison que ces créanciers, s'étant fait liquider, auront reçu de l'État, à la décharge de leur débiteur, le tiers de leur créance ?

Comment motiver cette différence entre le créancier liquidé et le créancier non liquidé ?

Le premier a-t-il causé un préjudice à son débiteur ? aucun. Il a au contraire agi, comme il devait le faire (2), dans l'intérêt de ce

____

(1) « Je pardonne à mes ennemis, ainsi qu'à ceux qui, » par un zèle inconsidéré, m'ont fait beaucoup de mal. »
(*Testament de Louis XVI.*)

(2) La loi du 25 juillet 1793, §. 11, art. 13, portait

débiteur, ainsi que dans le sien propre. Pourquoi donc l'en punir ? Pourquoi sera-t-il privé
du droit de réclamer. les deux tiers de sa
créance, pour lesquels il n'a reçu que *des
chiffons notoirement sans valeur ;* tandis que le
créancier non liquidé pourra réclamer de son
débiteur *l'intégralité de ses droits ?*

La révolution n'aura-t-elle donc eu lieu en
effet que pour dispenser en grande partie les
émigrés, ainsi que plusieurs d'entre eux l'es-
péraient, de l'obligation de payer leurs dettes ?

Se peut-il que cet article 18 du projet de
loi ait passé sans amendement à la Chambre
des députés ?

Si ceux des membres de cette Chambre qui
prendront part au banquet n'ont pas dû se
déclarer incompétens, il eût du moins été
glorieux pour eux de ne pas mettre en oubli
l'appel qui a été fait, en ces termes, à leur
honneur : « Donnez, Messieurs, un grand
exemple à la postérité, et prouvez à la nation
que vous êtes dignes des suffrages dont elle
vous a honorés » (1).

---

que les créanciers des émigrés *étaient tenus* de se faire
liquider.

(1) *Discours de M. le comte de Thiard.*

—Il faut aussi rappeler ces paroles d'un autre membre

C'est maintenant à la Chambre des Pairs que cet appel s'adresse. Plaise à Dieu qu'il y soit noblement répondu par elle, comme un

---

de la Chambre : « Je ne voudrais pas que ma boule, tombant dans l'urne, se changeât pour moi en un coupon de rentes. » (*Disc. de M. Méchin*).

— « Eh quoi! a dit M. le général Foy, sur l'amendement proposé par M. Rolland d'Erceville, l'émigré sera rentré, par des remises de biens ou par les suites de l'indemnité, dans la fortune de sa famille, et il verrait de sang-froid ses créanciers demander l'aumône à la porte de l'hôtel ou du château qui a été élevé avec l'argent emprunté à eux et à leurs pères. »

— « Les créanciers des émigrés ont été ruinés par le fait de leurs débiteurs, par suite de l'émigration même. Or, je demande comment l'homme, cause innocente, si l'on veut, mais enfin cause première de la ruine de son créancier, peut le laisser mourir de faim, tandis qu'il est lui-même richement indemnisé ?.....

» Vous voulez, dites-vous, effacer les traces de la confiscation ! je vous demande si vous pouvez y parvenir, en laissant dans la misère les co-propriétaires des biens confisqués (ou du moins les créanciers ayant hypothèque sur ces biens.) On a parlé de monument de haines et de discordes. Les haines, croyez-vous les faire disparaître en souffrant que deux ou trois cent mille créanciers meurent de faim auprès de leurs débiteurs enrichis ? L'émigré sera lui-même un monument qui entretiendra les haines et les discordes......

» On parle de novation. Mais, puisqu'on se montre si

antécédent encore récent donne lieu de l'es-
pérer !

---

rigoureux sur les conséquences d'une acceptation à laquelle
la misère forçait ces créanciers malheureux ; si l'on pense
qu'ils ont perdu tous leurs droits, parce qu'ils se sont vus
contraints (*voy.* la note 2 , page 25) de les échanger
contre un paiement illusoire , comment le Ministère n'a-
t il pas songé que MM. les émigrés ont aussi accepté un
échange analogue en rentrant en France , en prêtant le
serment que vous connaissez tous ? et cependant il était
plus libre à MM. les émigrés de ne pas rentrer (et c'est
alors qu'ils eussent pu parler de leur fidélité), qu'à leurs
créanciers , ruinés par leur fait, de ne pas consentir à une
désastreuse liquidation. » (*Discours de M. Benjamin Constant. — Séance du 4 mars* 1825.)

— Il est à craindre que la loi , si elle conserve une
semblable tache, ne paraisse jamais , aux yeux du plus
grand nombre , avoir pour but la justice , mais bien le
désir de reconstituer des fortunes colossales ou prétendues
monarchiques , sans lesquelles quelques esprits prévenus
s'imaginent, à tort , que l'autorité royale ne saurait exister
et être respectée.

Il est pourtant, sur ce point , une réflexion bien simple
à faire. Si les fortunes sont divisées et que chacun possède , chacun aussi, par le besoin de conserver ce qu'il a ,
désirera la paix et la tranquillité publiques. Mais si quelques-uns seulement possèdent et que les autres n'aient
rien, ces derniers oseront tout , aussitôt que l'occasion
s'en présentera , pour renverser l'ordre des choses établi.

FIN